国際知的財産法概説

TRIPs特許・反競争

著者：竹内 誠也

KDD
近代科学社Digital

はじめに

　1995年に発効された「世界貿易機関を設立するマラケシュ協定」の附属書1Cとして位置づけられる「知的所有権の貿易関連の側面に関する協定」であるTRIPs協定（Agreement on Trade-Related Aspects of Intellectual Property）は、同協定の加盟国が遵守すべき知的財産に係る権利保護の最低水準について規定するものである。さらに近時においては、同協定に関する世界知的所有権機構 特許常設委員会（WIPO特許常設委員会）における検証を通じて、各加盟国の国内法における協定の実施状況が明らかにされ、その解釈と運用のあり方が精緻化されつつある。

　以上の状況を踏まえ、本書ではTRIPs協定について、総則・特許・反競争に係る条項を中心に、先行研究およびWIPO特許常設委員会などにおける各条項の一般的な理解、および大陸法圏・判例法圏に属する各加盟国の国内法による各条項の今日までの実施状況、ならびに同実施状況に関する近時のWIPO特許常設委員会による検証と評価について紹介することとしたい。なおTRIPs協定における著作権等・権利行使に係る条項については、続巻予定の『国際知的財産法概説：TRIPs著作権等・権利行使（仮）』の刊行を待たれたい。

　本書の執筆にあたっては、先行研究としてTRIPs協定の策定当時における理解を詳解した尾島明『逐条解説TRIPs協定』、荒木好文『図解TRIPS協定』および稗貫俊文教授・加藤恒教授の諸研究については特に参考とさせて頂いたところであり、両先生の卓越した先行業績に敬意を表するものである。

　最後に、当方の英国オックスフォード大学および山口大学大学院における研究執筆活動を絶えず支え、応援してくださる名取法律事務所の諸先生方、正林国際特許商標事務所の諸先生方、国際連合ジュネーブ本部職員の皆様方、日英スイス学術会の諸先生方、日本弁理士会の諸先生方、知財法務実務家・官公庁政策実務家の皆様方、ならびに最も大切な妻と娘への尊敬と感謝の念をここにあらためて表します。

2020年4月吉日

竹内 誠也

目次

第4章　契約による実施許諾等における反競争的行為の規制

第1章

序論

1.1　TRIPs協定の概要

　TRIPs協定とは、正式名称を「知的所有権の貿易関連の側面に関する協定」とする国際協定であり、英文名称Agreement on Trade-Related Aspects of Intellectual Property Rightsの頭文字からTRIPs協定と称呼されるものである。また、1995年に発効した「世界貿易機関を設立するマラケシュ協定（Marrakesh Agreement Establishing the World Trade Organization）」（以下、「WTO協定」）の附属書1cを構成する知的財産に関する条約として位置づけられる。

　TRIPs協定の基本的性格については、「社会経済的または技術的な発展状況に係る国家間に存する相違にかかわらず、すべての同協定加盟国に共通の知的財産保護に関する基準を設定する、国際的な約定」と理解することができる[1]。一例として医薬品に関する特許権の保護について述べれば、輸入品に係る基準と特許権の保護期間の最低水準を規定し、さらに特許権の効力の例外に関する制限を明示することにより[2]、加盟国に共通の最低水準の保護（ミニマム・スタンダード）を規定している。また著作権の保護については、コンピューター・プログラムの保護を加盟国に義務付けるとともに、その他の知的財産、すなわちノウハウ、商標、地理的表示、意匠および集積回路についても、各加盟国におけるそれらの保護に係る基準の枠組みを規定する。

　さらにTRIPs協定において保護される対象については、同協定第1条第2項により以下のとおり規定され、その第2部第1節ないし第7節に明示される知的財産を保護対象として限定的に列挙するものとなっている。

TRIPs協定[3]
第1条　義務の性質及び範囲
（2）この協定の適用上、「知的所有権」とは，第2部の第1節から第7節までの規定の対象となるすべての種類の知的所有権をいう。

　同協定の第2部第1節から第7節にて列挙されている知的財産とは（1）

著作権および関連する権利、（2）商標、（3）地理的表示、（4）意匠、（5）特許、（6）集積回路の回路配置、（7）開示されていない情報の保護であり、これらがTRIPs協定における保護対象を構成するものとされる。

　なお1995年のTRIPs協定発効に先立ち、既に生物の多様性に関する条約（Convention on Biological Diversity, CBD）が調印されていたが、生物多様性に関連する資源等の保護はTRIPs協定のいずれの節においても規定されておらず、その取り扱いにつき加盟国間にて議論が継続している[4]。

1.2　TRIPs協定成立の経緯

　WTO協定ならびにその附属書たるTRIPs協定の成立の経緯を理解するにあたっては、まずその前身にあたる「関税及び貿易に関する一般協定（General Agreement on Tariffs and Trade, GATT）」（以下、「GATT」）の成立とその役割の推移について振り返る必要がある。

　GATTは1948年にジュネーブにて署名手続きが行われ、締約国間の国際貿易における関税のあり方に関する交渉を推進することを主たる目的として創設された。この多国間貿易交渉は1960年代初頭のディロン・ラウンド、1960年代半ばのケネディ・ラウンドならびに1970年代の東京ラウンドと継続され、1980年代にウルグアイ・ラウンドが実施され、同ラウンドにおいては知的財産の保護に係る議題が特に活発に交渉されることとなった。

　この背景には、1980年代の国際経済秩序における知的財産に係る貿易比率の拡大により、先進国の事業者が知的財産に係る保護基準の国際的な枠組みの創設を強く求めたことがあると指摘されている[5]。また同時期に、知的財産保護強化の枠組み創設は、国際経済秩序における対外直接投資ならびに国外技術移転の推進の観点からも必要不可欠な前提条件であると認識されたことも大きな要因であったとされる[6]。

　ウルグアイ・ラウンドにおける知的財産保護に係る多国間交渉は、当初は紆余曲折を経たものの、包括的交渉妥結方式がとられたことも寄与し、

先進国と開発途上国との間に存する理解の相違を乗り越え、知的所有権に関する貿易関連の側面についての一般協定たるTRIPs協定が合意された[7]。こうして100ヵ国以上の加盟国による調印がなされた国際的な知的財産保護の枠組みが成立したのである。なおウルグアイ・ラウンド交渉は、当初はウルグアイの閣僚会議により1986年に交渉開始が決定され、同年から1990年までの交渉期間が予定されていたが、包括的交渉妥結方式を採用する中で、農業議題関連の調整が難航したことから、交渉が1991年まで長期化した[8]。

　このように交渉が長期化する中、貿易交渉委員会議長による最終合意案（ダンケル・ペーパー）によって合意形成が提案され、農業議題についてもようやく先進国および開発途上国において決着を見るに至り、1993年にウルグアイ・ラウンド交渉への参加国による最終合意、ならびに1994年にモロッコでの閣僚会議にてTRIPs協定をその附属書1CとするWTO協定への加盟国による署名が完了し、最終的に翌1995年に発効の運びとなった。

1.3　TRIPs協定の基本的性格：目的と原則

　TRIPs協定上の義務の国内実施にあたっては、社会経済厚生の改善を促進するための手段（TRIPs協定第7条）ならびに知的財産権の濫用を防止する手段（同第8条）を、各加盟国の国内法にて講じることができるものとされる。かかる両条項の規定のあり方には、TRIPs協定の国際協定としての基本的性格とその位置づけが表れている。

TRIPs協定[9]
第7条　目的
　知的所有権の保護及び行使は，技術的知見の創作者及び使用者の相互の利益となるような並びに社会的及び経済的福祉の向上に役立つ方法による技術革新の促進並びに技術の移転及び普及に資するべきであり，並びに権利と義務との間の均衡に資するべきである。

第8条　原則
（1）加盟国は，国内法令の制定又は改正に当たり，公衆の健康及び栄養を保護し並びに社会経済的及び技術的発展に極めて重要な分野における公共の利益を促進するために必要な措置を，これらの措置がこの協定に適合する限りにおいて，とることができる。
（2）加盟国は，権利者による知的所有権の濫用の防止又は貿易を不当に制限し若しくは技術の国際的移転に悪影響を及ぼす慣行の利用の防止のために必要とされる適当な措置を，これらの措置がこの協定に適合する限りにおいて，とることができる。

　TRIPs協定の目的と原則が規定するその基本的性格は、特に加盟国における法政策上の争点において顕著に表れる。

　第一に、特に開発途上国においては、TRIPs協定第7条および第8条に規定する目的、つまり市場競争を通じた社会経済厚生の改善を達成するために、同協定の他の条項の規定を遵守することを条件として、知的財産の保護とその行使のあり方をコントロールする手段を講じることができる。一例として、知的財産権の国際消尽との関連において知的財産に係る物の並行輸入を許容し得ることが挙げられる。その解釈においては、知的財産権に存する独占的権利と、当該技術の使用を希望する第三者の利益をバランスさせる、各加盟国における個別の法政策のあり方が反映される[10]。

　第二に、同じく両条項が規定する社会経済厚生の改善を推進するために多数の加盟国にて採用される「ボーラー抗弁の例外」の法理に関する議論が挙げられる。これは特許権の有効期間が終了する前にでも試験目的で特許発明を実施することを許容し、権利期間終了後に遅滞なく医薬製品販売を開始するための販売承認の取得を可能とする法理である。日本国に加えて英国、米国、カナダおよびオーストラリアなどの主要加盟国でも、当該法理を許容している状況が観察される[11]。

　上記に加え、TRIPs協定第31条では、国家緊急事態への対応ならびに反競争的慣行を是正する目的で強制ライセンス制度を加盟国に許容することが規定されており、当該法政策に係る理解もまた、第7条および第8条に明示される同協定の目的と原則を具現化したものとされる。同協定第31条が規

定する加盟国における強制ライセンス制度のあり方については、2001年に
ドーハで開催されたWTO閣僚会議でなされた「TRIPs協定と公衆衛生に
関する宣言（Doha Declaration on the TRIPS Agreement and Public
Health)」（以下、「WTOドーハ宣言」）において、特に公衆衛生の保全を
目的する場合に加盟国による裁量判断をし得ることが確認され、これに伴
い医薬製品を製造開発する能力を有しない（または限定的にしか有しない）
開発途上国等の加盟国において医薬製品の輸入行為が許容される枠組みが
推進されることとなり、後述の同協定第31条の2の改正として近時結実す
るに至ったことに注目すべきである[12]。